Dr. Sültz

AF216001

Schmerztagebuch

BoD - Books on Demand

Norderstedt 2019

Bibliografische Information durch die Deutsche Nationalbibliothek

Die Deutsche Nationalbibliothek verzeichnet diese Publikation in der Deutschen Nationalbibliografie; detaillierte bibliografische Daten sind im Internet über http://dnb.dnb.de abrufbar.

Herstellung und Verlag: BoD – Books on Demand, Norderstedt

ISBN 9-78374-8-16294-0

Ziel eines Schmerztagebuchs ist es, Schmerzen zu dokumentieren. Wann habe ich Schmerzen, wo habe ich Schmerzen, wie lange und wie stark sind die Schmerzen. So ermöglichen Sie Ihrem Arzt eine Schmerzübersicht und helfen bei einer Beurteilung, um evtl. eine Schmerzbehandlung einzuleiten.

Weiterhin lassen sich wichtige Informationen notieren. Welche Medikamente werden eingenommen, wer ist mein Hausarzt. Tragen Sie ruhig auch allgemeine Informationen ein, etwas über Ihren Schlaf, den Stuhlgang und Ihr Wohlbefinden. Dieses Schmerztagebuch ist extra groß, bestimmt ohne Lesebrille auszufüllen und hat Platz für ein halbes Jahr Protokolle.

Eine gute Gesundheit wünscht

Dr. Sültz, Kieferorthopädie

Mein Schmerztagebuch

Mein Name:

Mein Hausarzt:

Meine Medikamente:

Wichtige Informationen:

Beispiel:

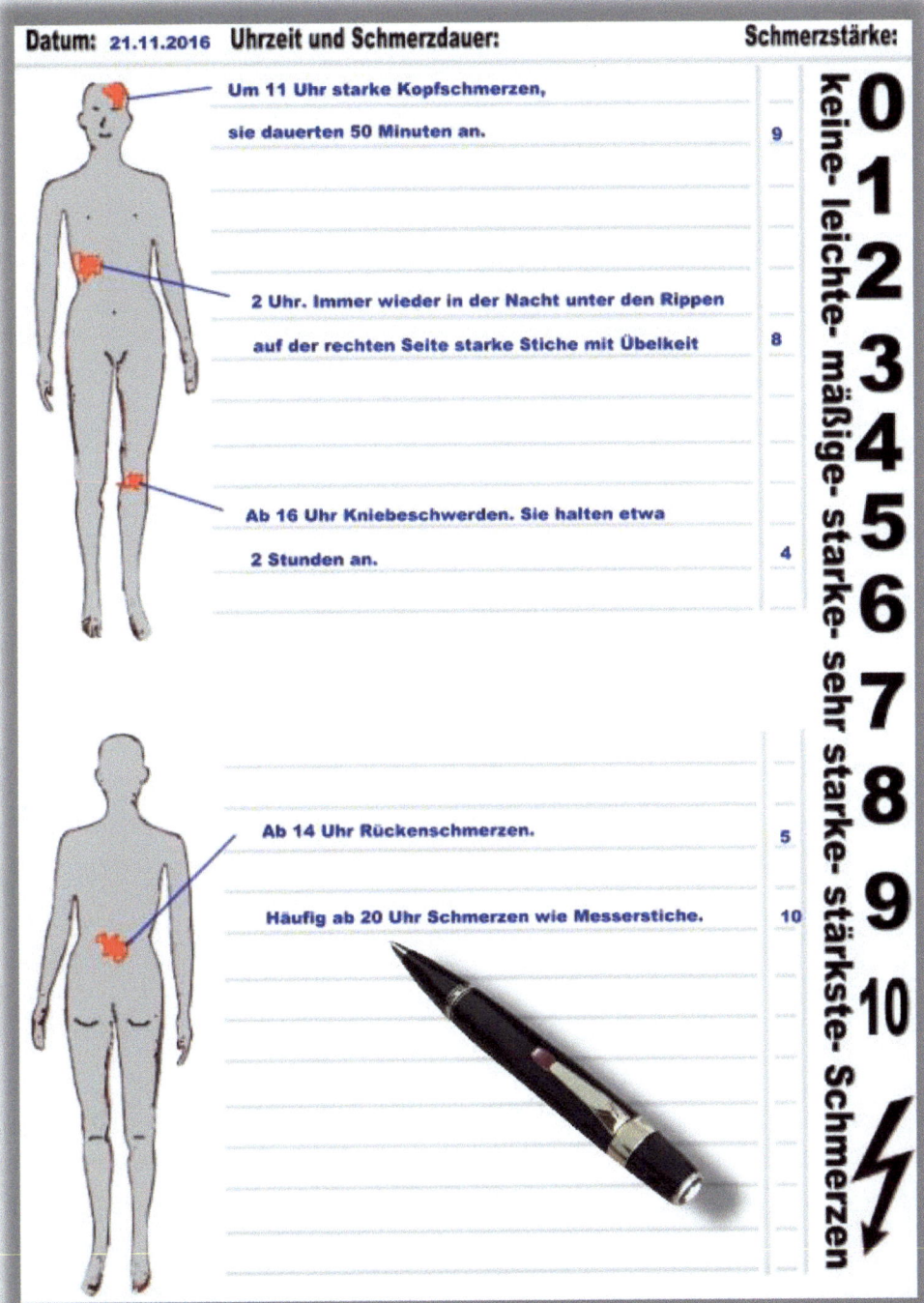

Datum: 21.11.2016   **Uhrzeit und Schmerzdauer:**   **Schmerzstärke:**

Um 11 Uhr starke Kopfschmerzen,

sie dauerten 50 Minuten an.   9

2 Uhr. Immer wieder in der Nacht unter den Rippen

auf der rechten Seite starke Stiche mit Übelkeit   8

Ab 16 Uhr Kniebeschwerden. Sie halten etwa

2 Stunden an.   4

Ab 14 Uhr Rückenschmerzen.   5

Häufig ab 20 Uhr Schmerzen wie Messerstiche.   10

keine- leichte- mäßige- starke- sehr starke- stärkste- Schmerzen

0 1 2 3 4 5 6 7 8 9 10

Datum:	Uhrzeit und Schmerzdauer:	Schmerzstärke:

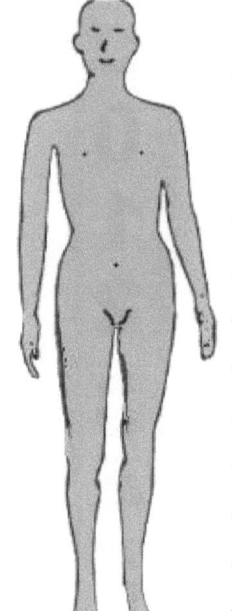

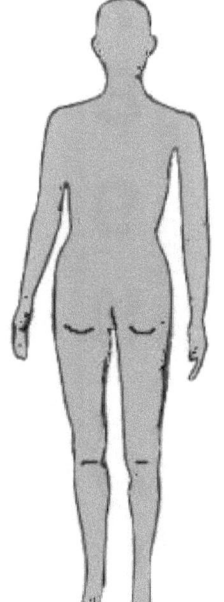

0
1
2
3
4
5
6
7
8
9
10

keine- leichte- mäßige- starke- sehr starke- stärkste- Schmerzen

Datum:	Uhrzeit und Schmerzdauer:	Schmerzstärke:

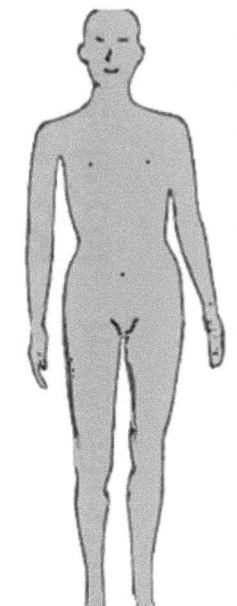

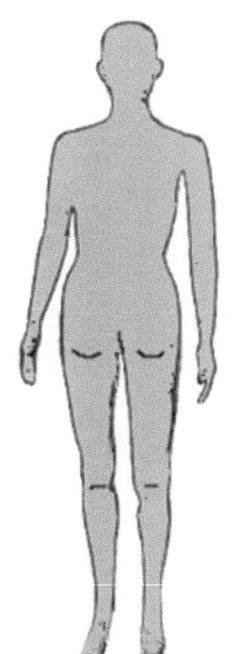

keine- leichte- mäßige- starke- sehr starke- stärkste- Schmerzen

0 1 2 3 4 5 6 7 8 9 10

Datum:	Uhrzeit und Schmerzdauer:	Schmerzstärke:

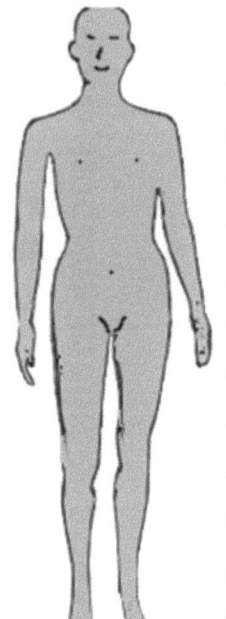

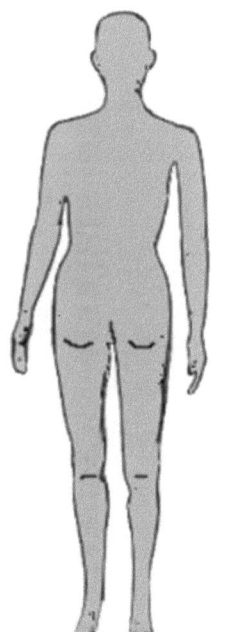

keine- leichte- mäßige- starke- sehr starke- stärkste- Schmerzen

0 1 2 3 4 5 6 7 8 9 10

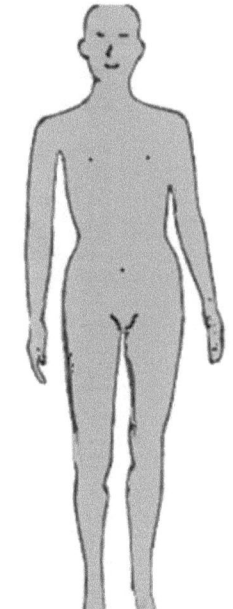

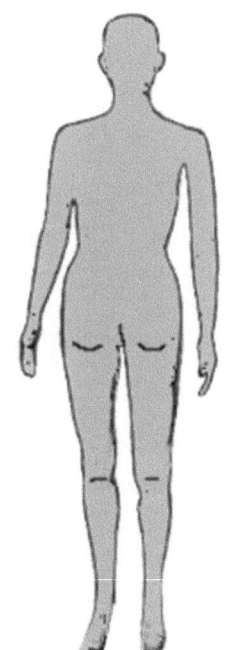

keine- leichte- mäßige- starke- sehr starke- stärkste- Schmerzen

0
1
2
3
4
5
6
7
8
9
10

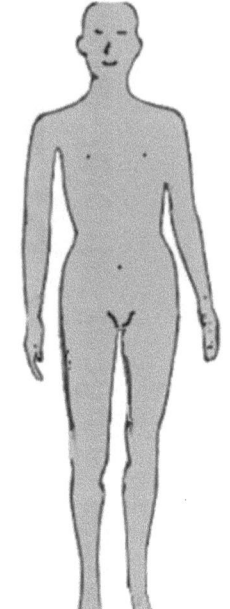

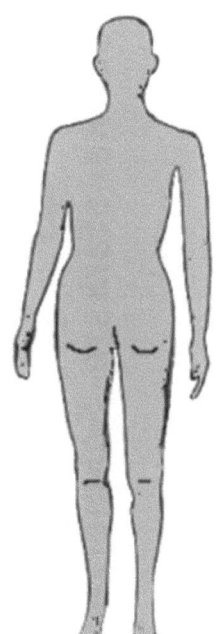

0
keine-

1

2
leichte-

3

4
mäßige-

5

6
starke-

7
sehr starke-

8

9
stärkste-

10
Schmerzen

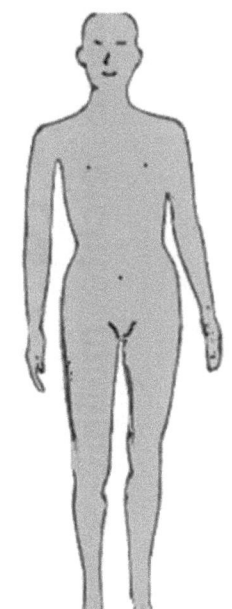

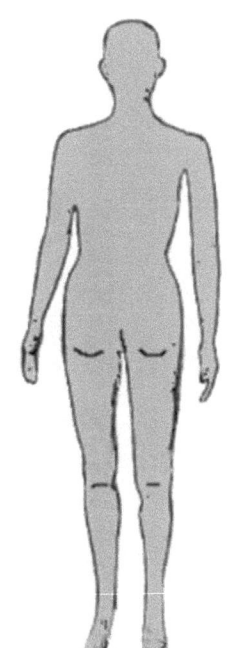

keine- leichte- mäßige- starke- sehr starke- stärkste- Schmerzen

0 1 2 3 4 5 6 7 8 9 10

Datum: _____ **Uhrzeit und Schmerzdauer:** _____ **Schmerzstärke:**

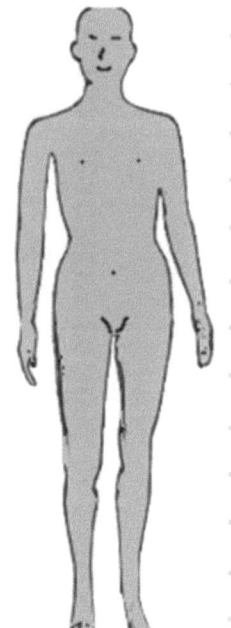

_____
_____
_____
_____
_____
_____
_____
_____
_____
_____
_____
_____

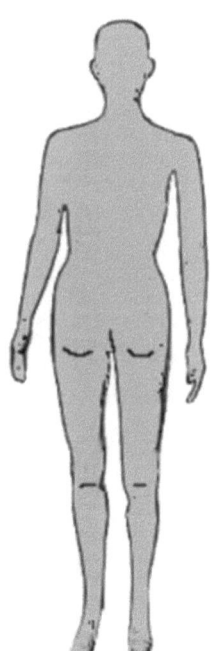

_____
_____
_____
_____
_____
_____
_____
_____
_____
_____
_____
_____

keine- leichte- mäßige- starke- sehr starke- stärkste- Schmerzen

0 1 2 3 4 5 6 7 8 9 10

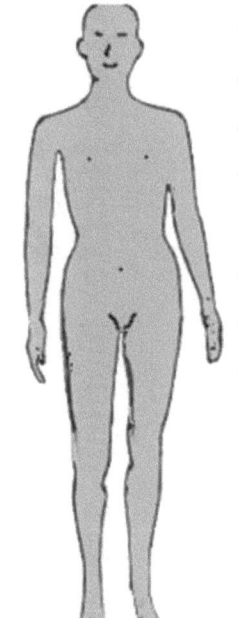

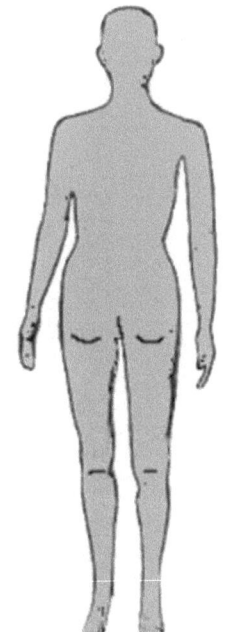

keine- leichte- mäßige- starke- sehr starke- stärkste- Schmerzen

0 1 2 3 4 5 6 7 8 9 10

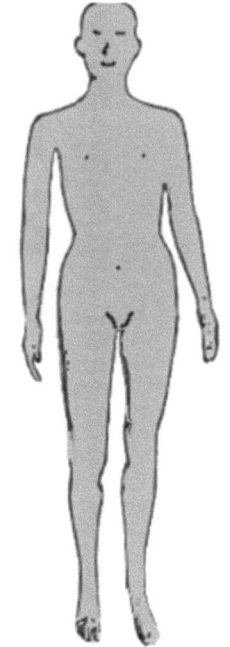

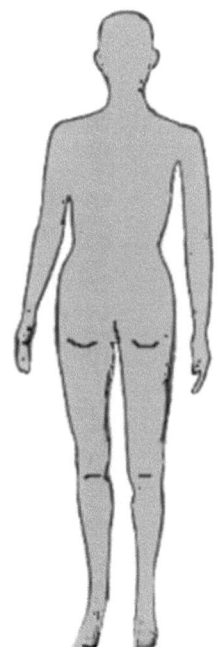

0
1
2
3
4
5
6
7
8
9
10

keine- leichte- mäßige- starke- sehr starke- stärkste- Schmerzen

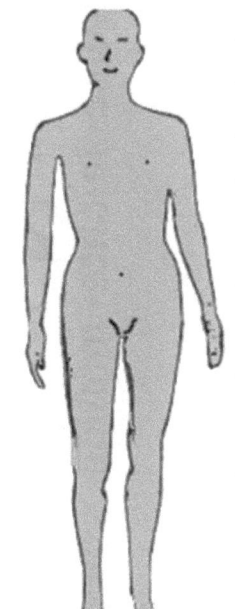

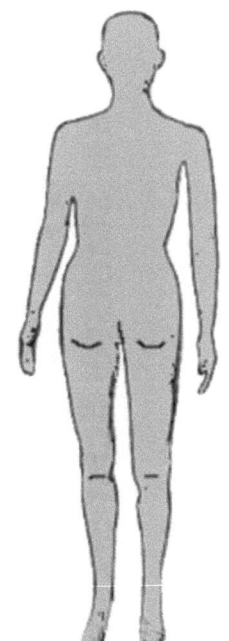

**0
1
2
3
4
5
6
7
8
9
10**

keine- leichte- mäßige- starke- sehr starke- stärkste- Schmerzen

Datum: **Uhrzeit und Schmerzdauer:**   **Schmerzstärke:**

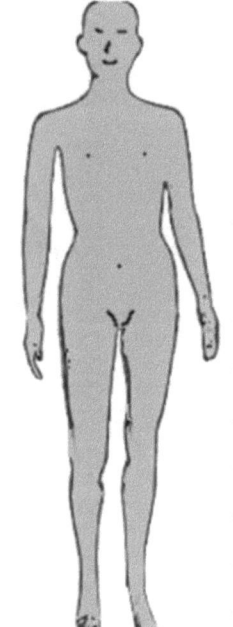

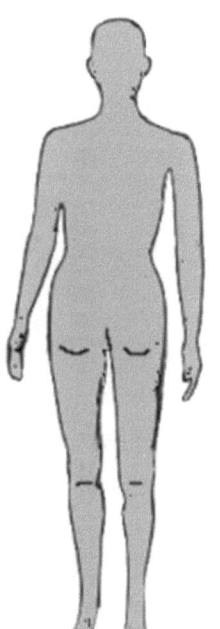

keine- leichte- mäßige- starke- sehr starke- stärkste- Schmerzen

0 1 2 3 4 5 6 7 8 9 10

Datum:	Uhrzeit und Schmerzdauer:	Schmerzstärke:

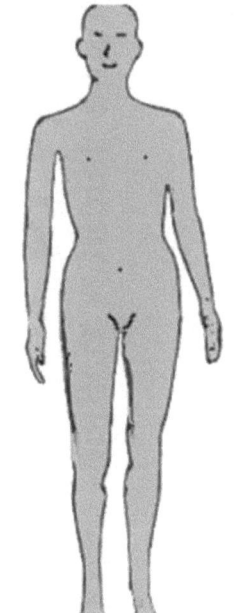

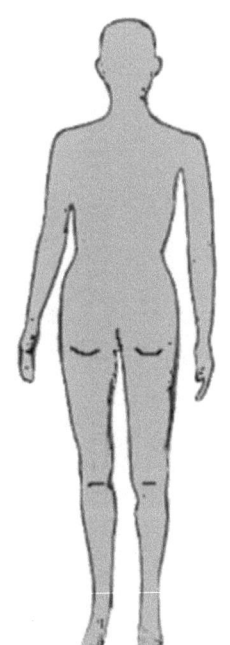

keine- leichte- mäßige- starke- sehr starke- stärkste- Schmerzen

0
1
2
3
4
5
6
7
8
9
10

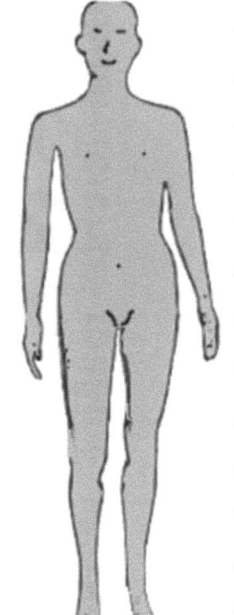

keine- leichte- mäßige- starke- sehr starke- stärkste- Schmerzen

0
1
2
3
4
5
6
7
8
9
10

Datum:	Uhrzeit und Schmerzdauer:	Schmerzstärke:

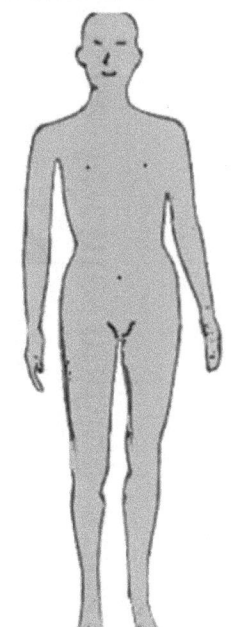

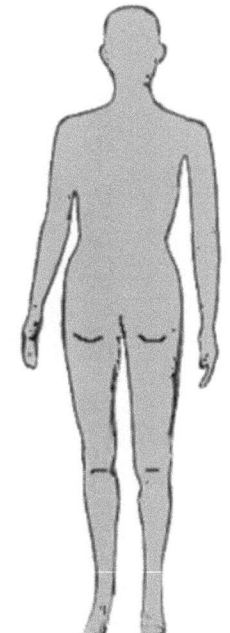

keine- leichte- mäßige- starke- sehr starke- stärkste- Schmerzen

0 1 2 3 4 5 6 7 8 9 10

Datum: **Uhrzeit und Schmerzdauer:**   **Schmerzstärke:**

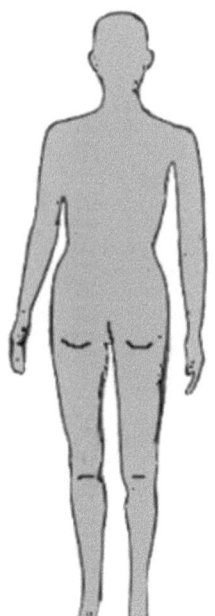

0
1
2
3
4
5
6
7
8
9
10

keine- leichte- mäßige- starke- sehr starke- stärkste- Schmerzen

Datum:	Uhrzeit und Schmerzdauer:	Schmerzstärke:

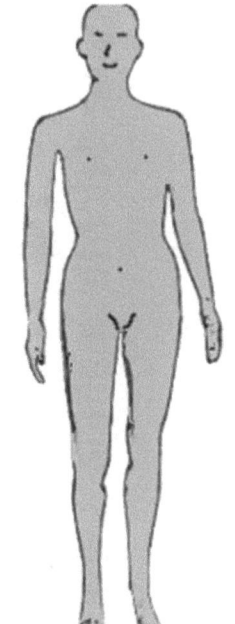

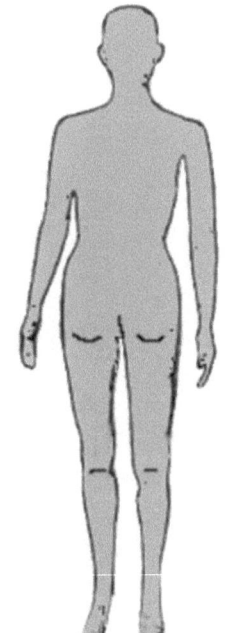

keine- leichte- mäßige- starke- sehr starke- stärkste- Schmerzen

0 1 2 3 4 5 6 7 8 9 10

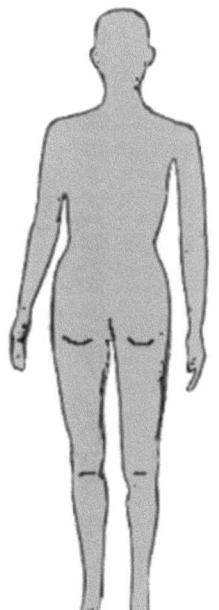

keine- leichte- mäßige- starke- sehr starke- stärkste- Schmerzen

0
1
2
3
4
5
6
7
8
9
10

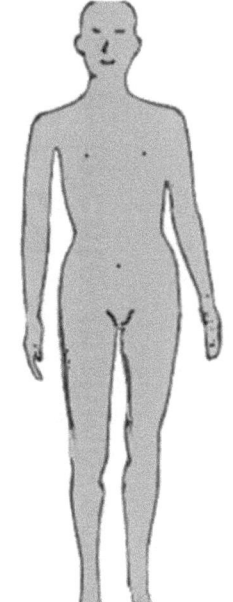

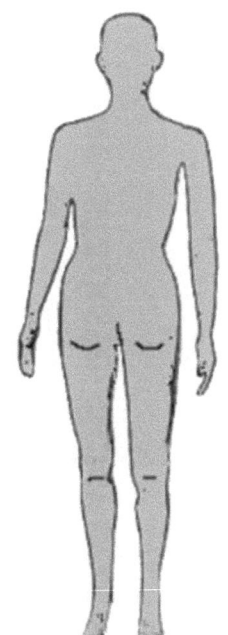

0
1
2
3
4
5
6
7
8
9
10

keine- leichte- mäßige- starke- sehr starke- stärkste- Schmerzen

Datum:	Uhrzeit und Schmerzdauer:	Schmerzstärke:

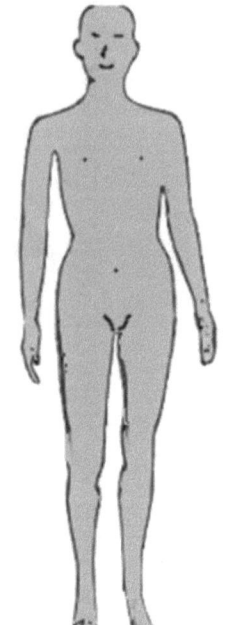

0
1
2
3
4
5
6
7
8
9
10

keine- leichte- mäßige- starke- sehr starke- stärkste- Schmerzen

Datum: **Uhrzeit und Schmerzdauer:**   **Schmerzstärke:**

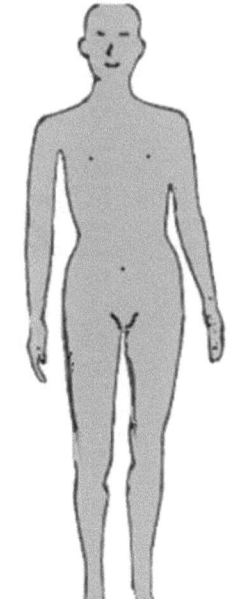

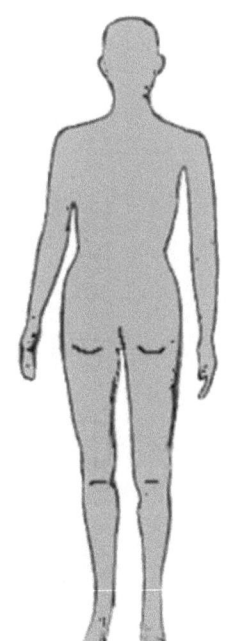

keine- leichte- mäßige- starke- sehr starke- stärkste- Schmerzen

0 1 2 3 4 5 6 7 8 9 10

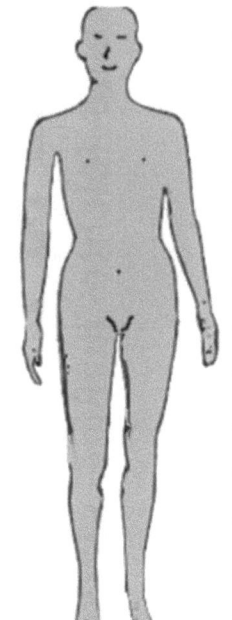

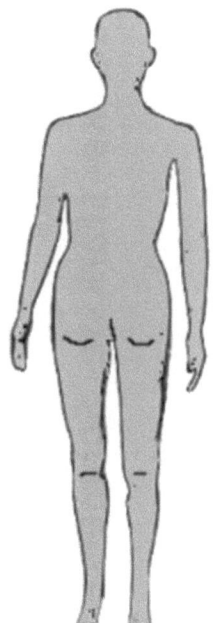

0 1 2 3 4 5 6 7 8 9 10

keine- leichte- mäßige- starke- sehr starke- stärkste- Schmerzen

Datum:	Uhrzeit und Schmerzdauer:	Schmerzstärke:

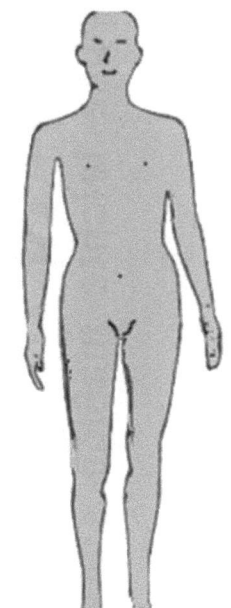

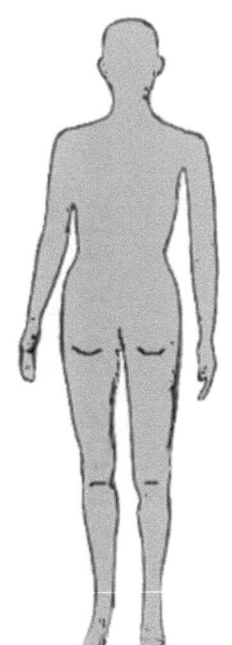

keine- leichte- mäßige- starke- sehr starke- stärkste- Schmerzen

0
1
2
3
4
5
6
7
8
9
10

Datum:	Uhrzeit und Schmerzdauer:	Schmerzstärke:

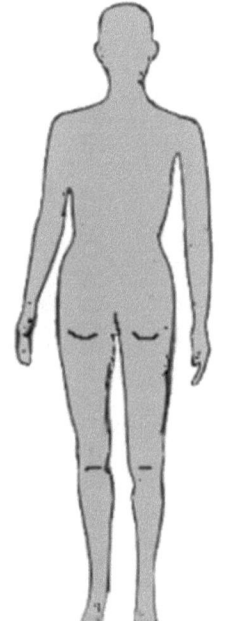

keine- leichte- mäßige- starke- sehr starke- stärkste- Schmerzen

0
1
2
3
4
5
6
7
8
9
10

Datum:	Uhrzeit und Schmerzdauer:	Schmerzstärke:

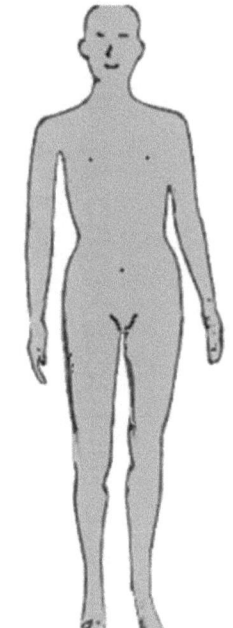

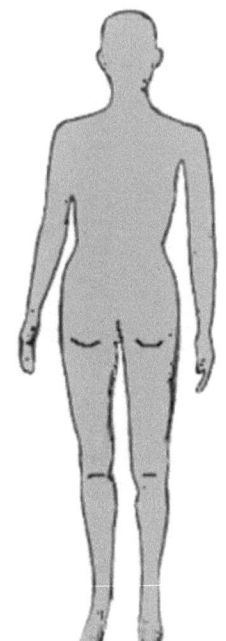

0
keine-

1
leichte-

2
mäßige-

3
starke-

4
sehr starke-

5
stärkste-

6
Schmerzen

7

8

9

10

Datum: **Uhrzeit und Schmerzdauer:**   **Schmerzstärke:**

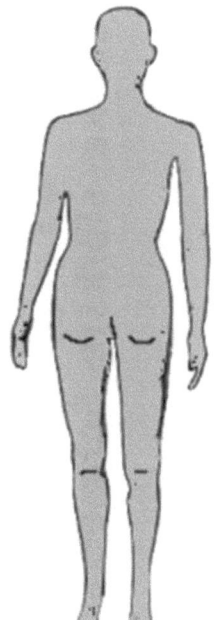

0
1
2
3
4
5
6
7
8
9
10

keine- leichte- mäßige- starke- sehr starke- stärkste- Schmerzen

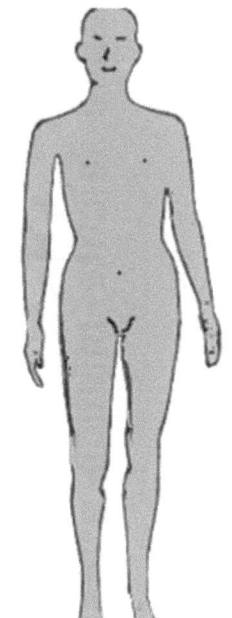

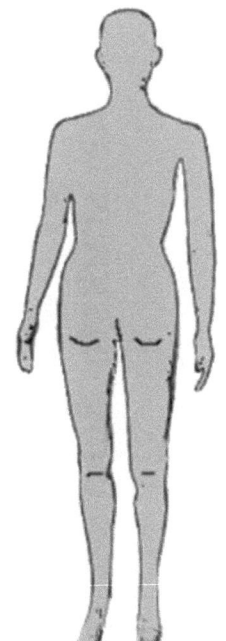

keine- leichte- mäßige- starke- sehr starke- stärkste- Schmerzen

0 1 2 3 4 5 6 7 8 9 10

0
1
2
3
4
5
6
7
8
9
10

keine- leichte- mäßige- starke- sehr starke- stärkste- Schmerzen

Datum:	Uhrzeit und Schmerzdauer:	Schmerzstärke:

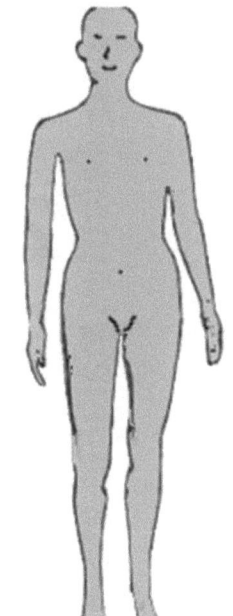

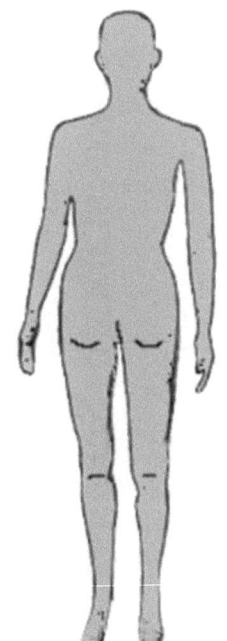

0 1 2 3 4 5 6 7 8 9 10

keine- leichte- mäßige- starke- sehr starke- stärkste- Schmerzen

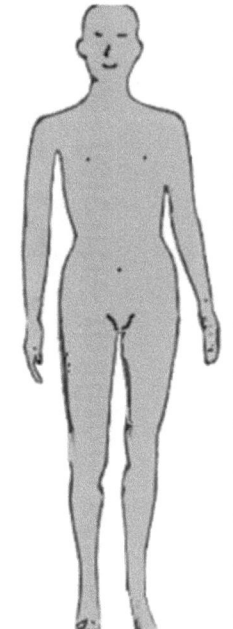

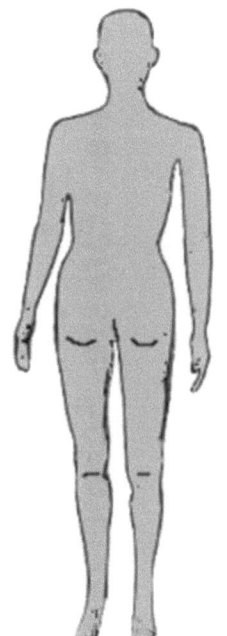

keine- leichte- mäßige- starke- sehr starke- stärkste- Schmerzen

0
1
2
3
4
5
6
7
8
9
10

Datum:	Uhrzeit und Schmerzdauer:	Schmerzstärke:

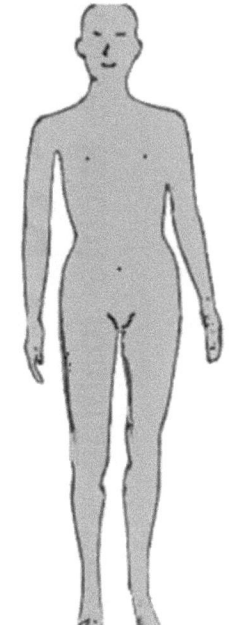

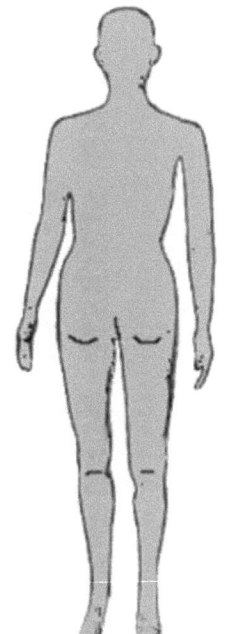

keine- leichte- mäßige- starke- sehr starke- stärkste- Schmerzen

0
1
2
3
4
5
6
7
8
9
10

Datum:	Uhrzeit und Schmerzdauer:	Schmerzstärke:

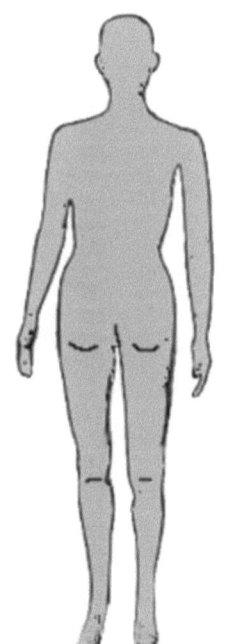

0
1
2
3
4
5
6
7
8
9
10

keine- leichte- mäßige- starke- sehr starke- stärkste- Schmerzen

Datum:	Uhrzeit und Schmerzdauer:	Schmerzstärke:

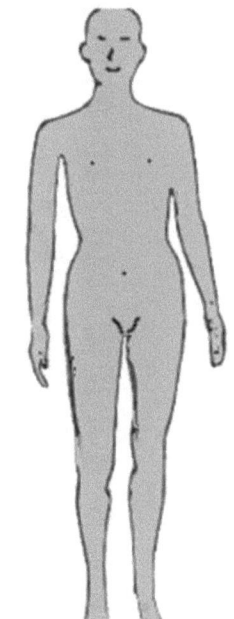

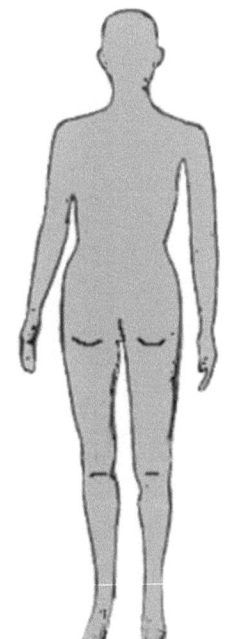

0
1
2
3
4
5
6
7
8
9
10

keine- leichte- mäßige- starke- sehr starke- stärkste- Schmerzen

Datum:	Uhrzeit und Schmerzdauer:	Schmerzstärke:

keine- leichte- mäßige- starke- sehr starke- stärkste- Schmerzen

0 1 2 3 4 5 6 7 8 9 10

Datum: **Uhrzeit und Schmerzdauer:**   **Schmerzstärke:**

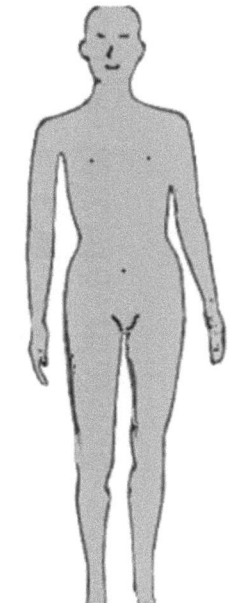

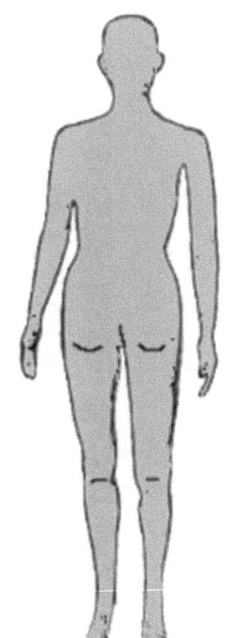

keine- leichte- mäßige- starke- sehr starke- stärkste- Schmerzen

0 1 2 3 4 5 6 7 8 9 10

Datum:	Uhrzeit und Schmerzdauer:	Schmerzstärke:

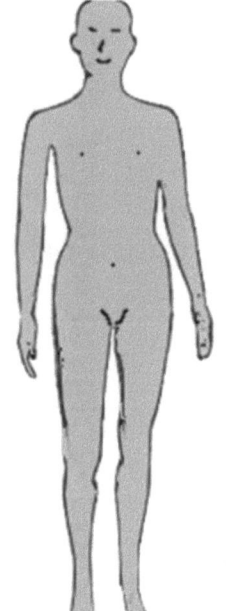

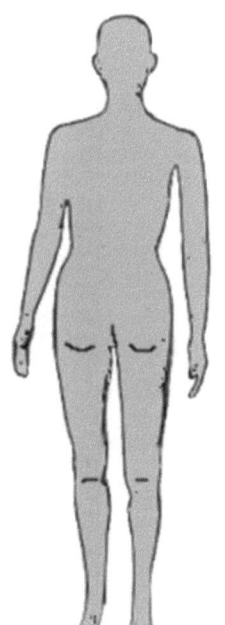

0
1
2
3
4
5
6
7
8
9
10

keine- leichte- mäßige- starke- sehr starke- stärkste- Schmerzen

Datum:	Uhrzeit und Schmerzdauer:	Schmerzstärke:

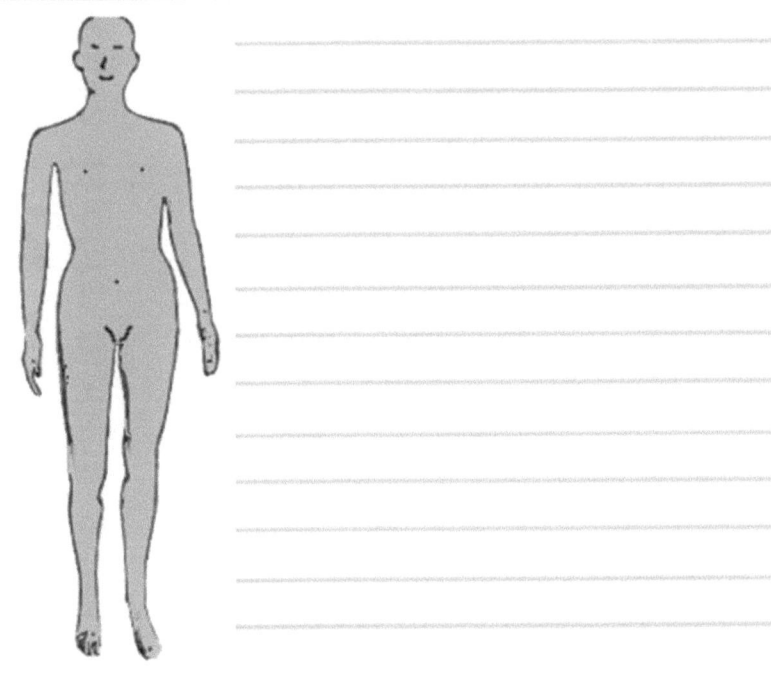

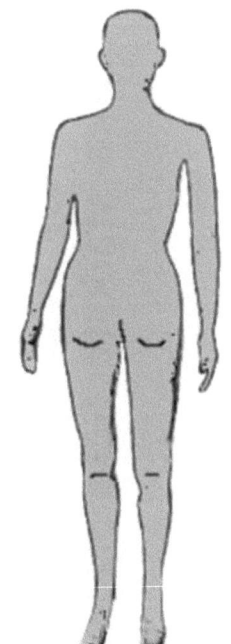

keine- leichte- mäßige- starke- sehr starke- stärkste- Schmerzen

0 1 2 3 4 5 6 7 8 9 10

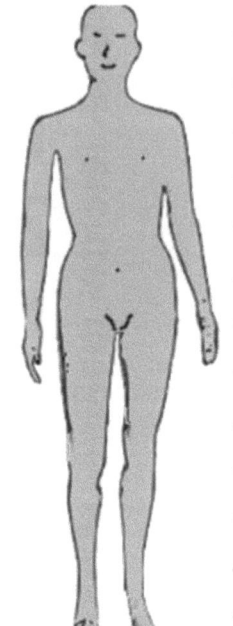

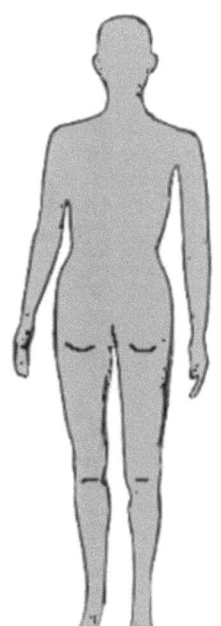

keine- leichte- mäßige- starke- sehr starke- stärkste- Schmerzen

0
1
2
3
4
5
6
7
8
9
10

Datum:	Uhrzeit und Schmerzdauer:	Schmerzstärke:

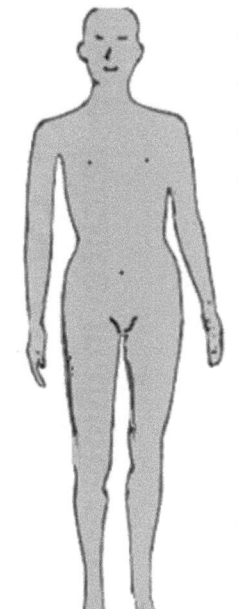

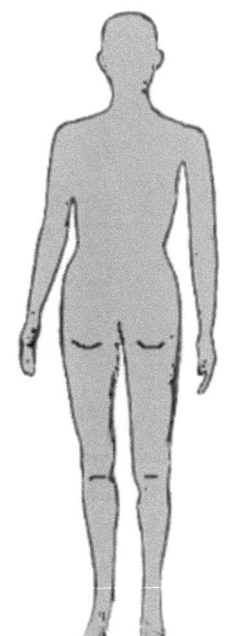

keine- leichte- mäßige- starke- sehr starke- stärkste- Schmerzen

0 1 2 3 4 5 6 7 8 9 10

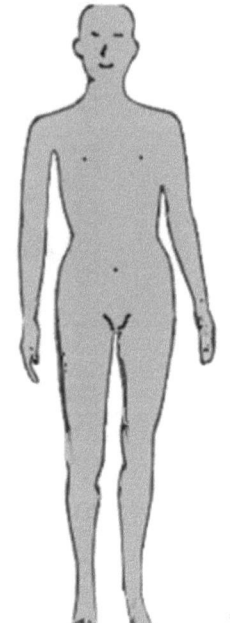

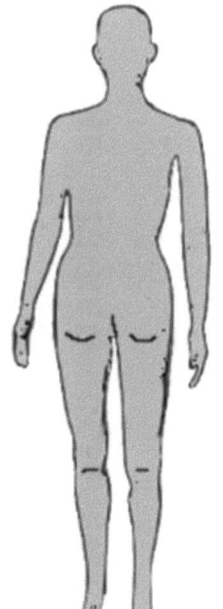

keine- leichte- mäßige- starke- sehr starke- stärkste- Schmerzen

0 1 2 3 4 5 6 7 8 9 10

Datum:	Uhrzeit und Schmerzdauer:	Schmerzstärke:

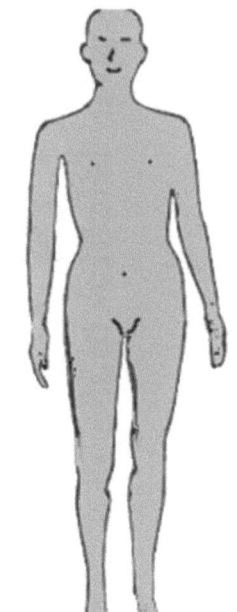

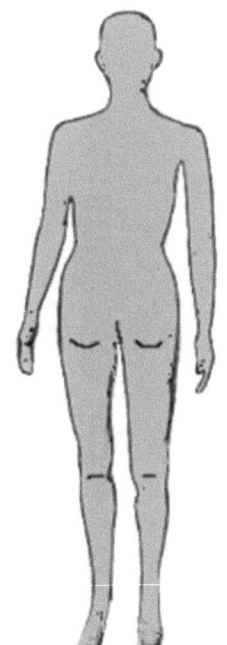

keine- leichte- mäßige- starke- sehr starke- stärkste- Schmerzen

0 1 2 3 4 5 6 7 8 9 10

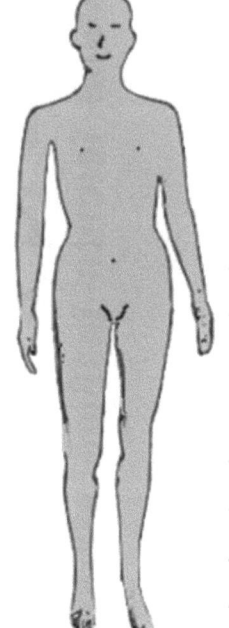

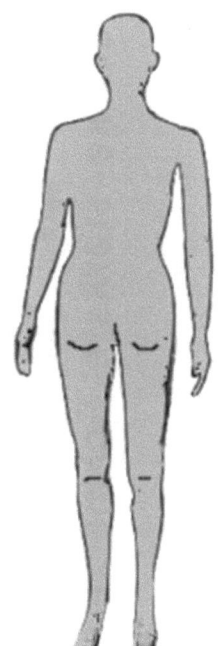

0
1
2
3
4
5
6
7
8
9
10

keine- leichte- mäßige- starke- sehr starke- stärkste- Schmerzen

Datum:	Uhrzeit und Schmerzdauer:	Schmerzstärke:

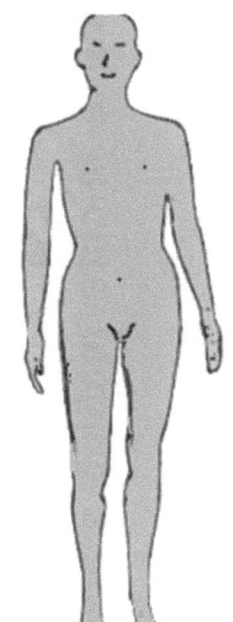

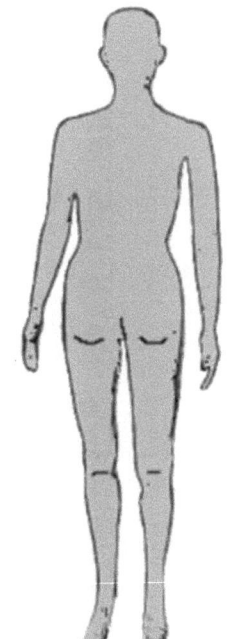

0
1
2
3
4
5
6
7
8
9
10

keine- leichte- mäßige- starke- sehr starke- stärkste- Schmerzen

Datum:	Uhrzeit und Schmerzdauer:	Schmerzstärke:

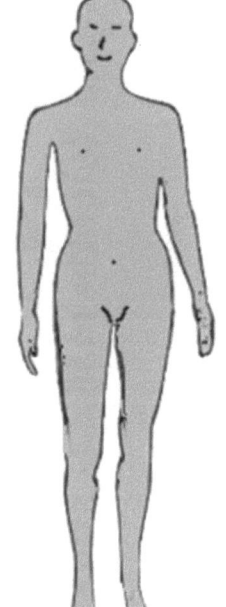

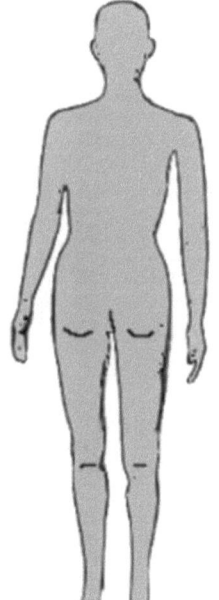

0
1
2
3
4
5
6
7
8
9
10

keine- leichte- mäßige- starke- sehr starke- stärkste- Schmerzen

Datum:	Uhrzeit und Schmerzdauer:	Schmerzstärke:

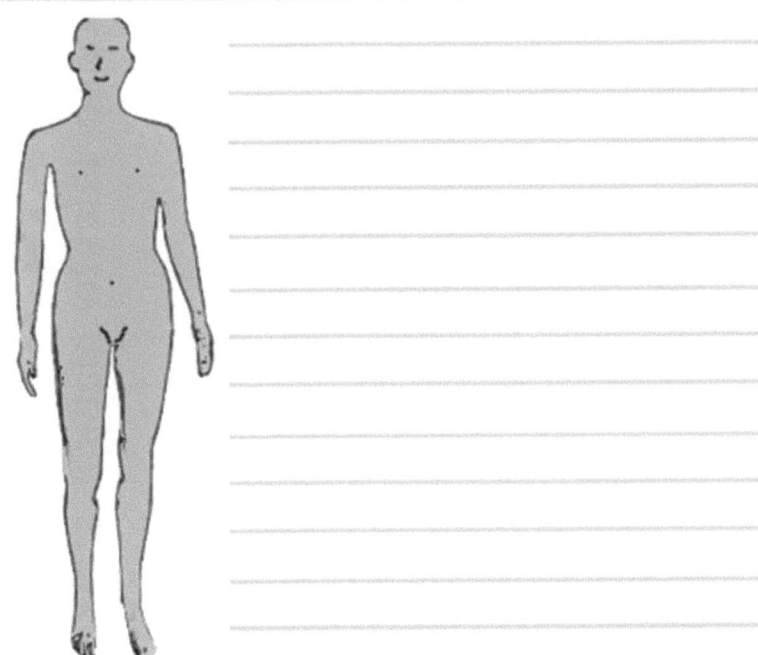

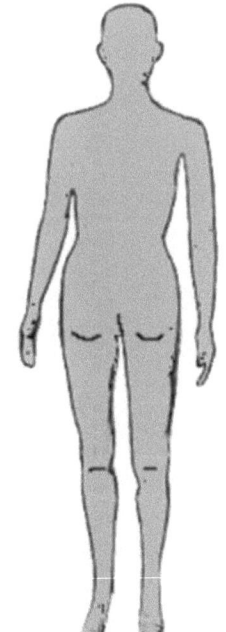

0 1 2 3 4 5 6 7 8 9 10

keine- leichte- mäßige- starke- sehr starke- stärkste- Schmerzen

Datum:	Uhrzeit und Schmerzdauer:	Schmerzstärke:

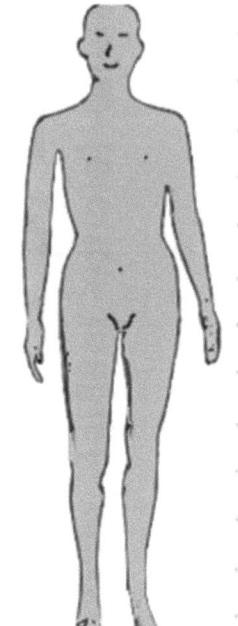

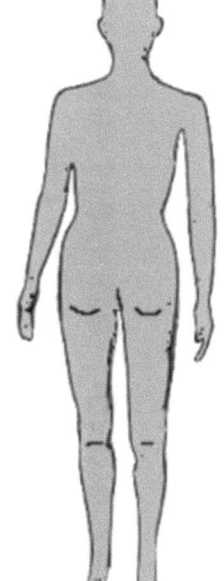

keine- leichte- mäßige- starke- sehr starke- stärkste- Schmerzen

0 1 2 3 4 5 6 7 8 9 10

Datum:	Uhrzeit und Schmerzdauer:	Schmerzstärke:

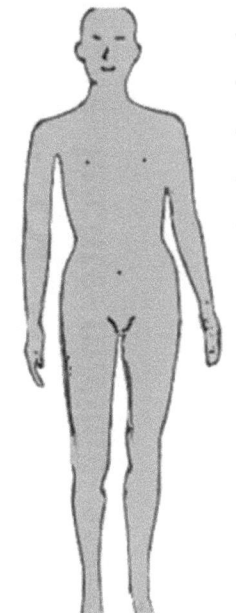

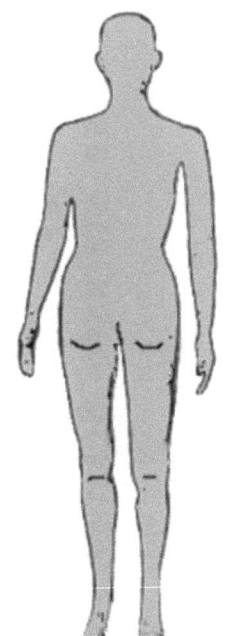

keine- leichte- mäßige- starke- sehr starke- stärkste- Schmerzen

0 1 2 3 4 5 6 7 8 9 10

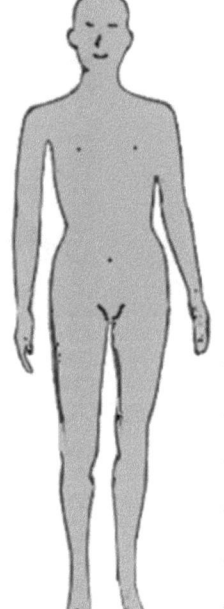

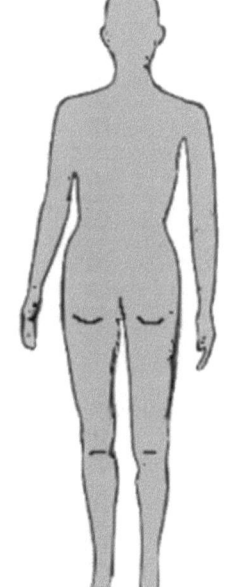

0 1 2 3 4 5 6 7 8 9 10

keine- leichte- mäßige- starke- sehr starke- stärkste- Schmerzen

Datum:	Uhrzeit und Schmerzdauer:	Schmerzstärke:

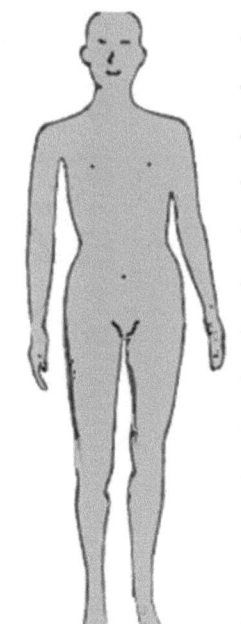

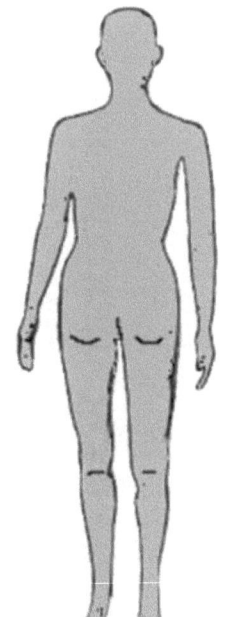

keine- leichte- mäßige- starke- sehr starke- stärkste- Schmerzen

0 1 2 3 4 5 6 7 8 9 10

Datum:	Uhrzeit und Schmerzdauer:	Schmerzstärke:

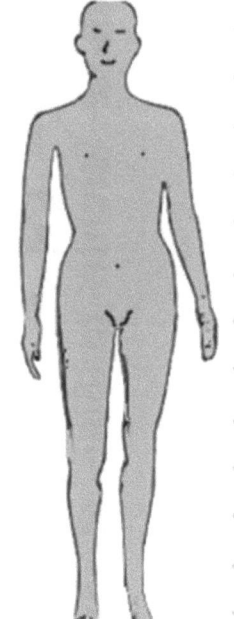

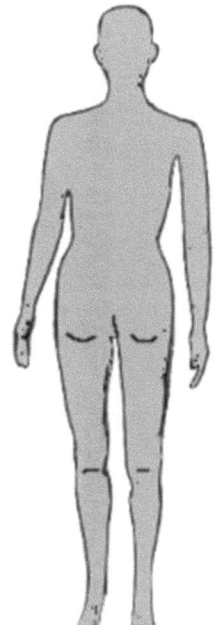

keine- leichte- mäßige- starke- sehr starke- stärkste- Schmerzen

0 1 2 3 4 5 6 7 8 9 10

Datum:	Uhrzeit und Schmerzdauer:	Schmerzstärke:

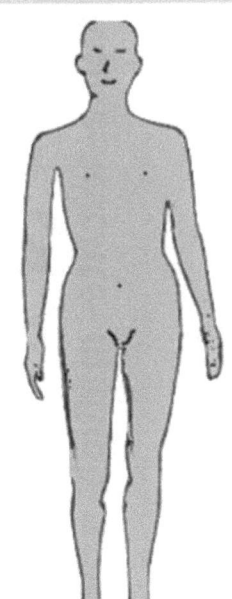

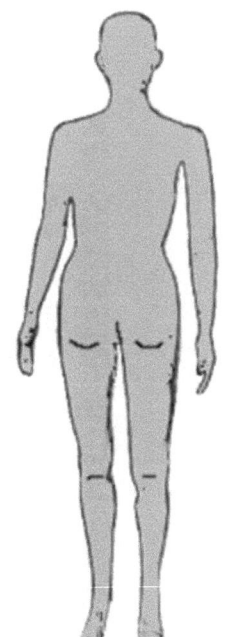

keine- leichte- mäßige- starke- sehr starke- stärkste- Schmerzen

0 1 2 3 4 5 6 7 8 9 10

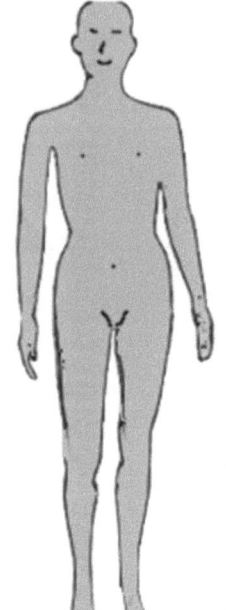

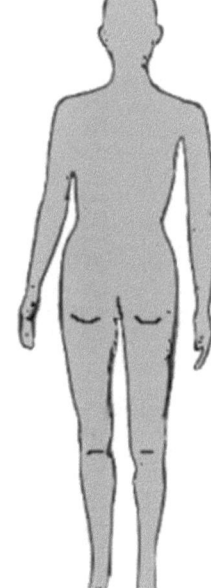

0
1
2
3
4
5
6
7
8
9
10

keine- leichte- mäßige- starke- sehr starke- stärkste- Schmerzen

Datum:	Uhrzeit und Schmerzdauer:	Schmerzstärke:

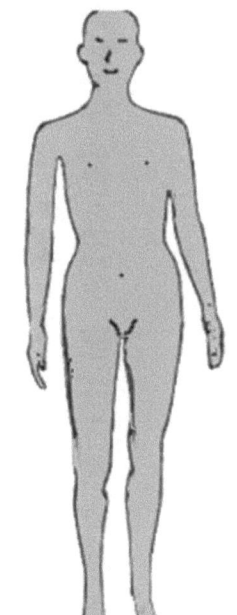

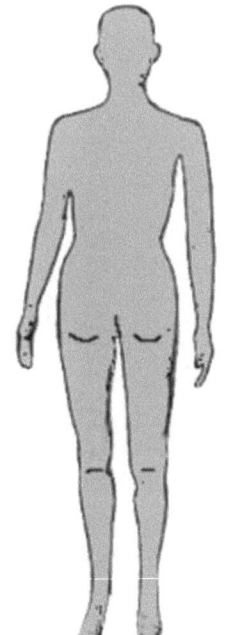

0 keine-
1
2 leichte-
3 mäßige-
4
5 starke-
6
7 sehr starke-
8
9 stärkste-
10 Schmerzen

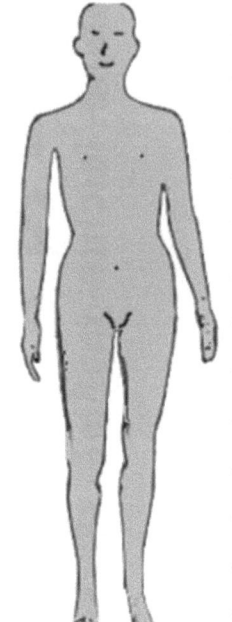

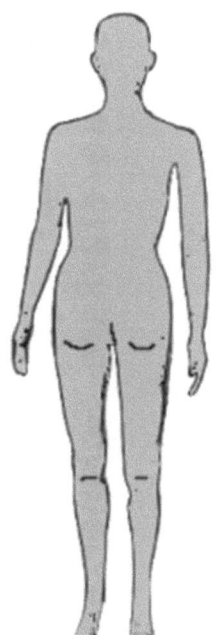

keine- leichte- mäßige- starke- sehr starke- stärkste- Schmerzen

0
1
2
3
4
5
6
7
8
9
10

Datum:	Uhrzeit und Schmerzdauer:	Schmerzstärke:

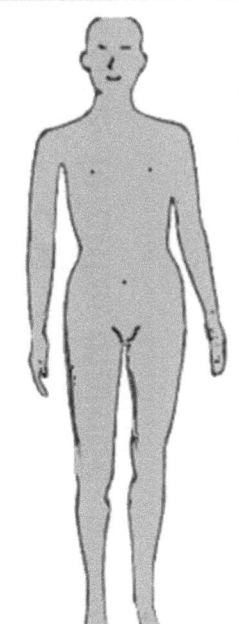

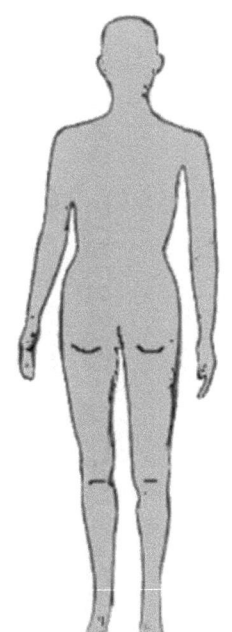

keine- leichte- mäßige- starke- sehr starke- stärkste- Schmerzen

0 1 2 3 4 5 6 7 8 9 10

Datum:	Uhrzeit und Schmerzdauer:	Schmerzstärke:

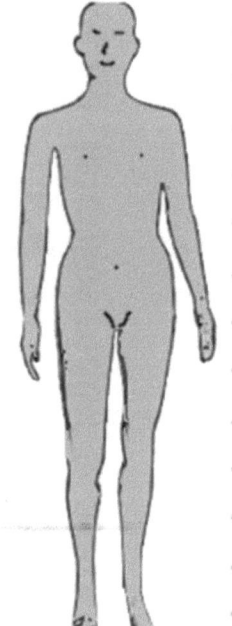

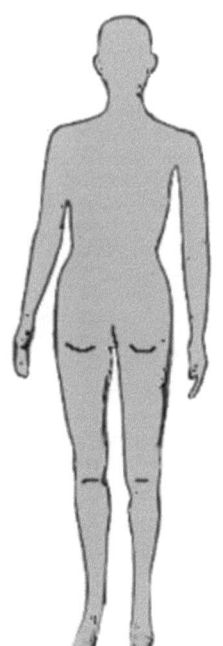

keine- leichte- mäßige- starke- sehr starke- stärkste- Schmerzen

0 1 2 3 4 5 6 7 8 9 10